Sonderabdruck aus

Festgabe für Rudolf von Gneist.

ISBN 978-3-662-31826-3 ISBN 978-3-662-32652-7 (eBook)
DOI 10.1007/978-3-662-32652-7

§ 1.

Das germanische Recht ist, wie andere Rechte, von dem Satze ausgegangen, dass das aus dem Hausvermögen abgeschichtete Kind völlig abgefunden ist — so insbesondere die ausgeradete Tochter, bei welcher im indogermanischen Rechte die Ausradung völlig das Erbrecht vertrat. Ein bedeutendes Raffinement war es bereits, als man dem Kinde gestattete, sich trotzdem den Zugang zum Erbvermögen zu schaffen, indem das erhaltene Vermögen in das Erbe zurückgebracht wird. Nunmehr hat das Kind, wenigstens im Zweifel, die Wahl, bei seinem Empfang zu bleiben und auf das Erbrecht zu verzichten, oder seinen Empfang dem gemeinsamen Erbe darzubieten, um wie ein anderer Erbe einen Theil des Hausvermögens so zu erhalten, als ob eine Vorauszuwendung gar nicht stattgefunden hätte. Dass das Kind in das Erbe treten darf, ohne seinen Empfang als Rapport zurückzubringen, dass ihm der Rapport erlassen und eine rapportlose Theilnahme am Erbe gestattet werden kann, ist erst wieder eine neue Entwickelung, an welche eine ursprüngliche Zeit gar nicht gedacht hat; und wo diese Möglichkeit erkannt wird, da wird sie vielfach zurückgewiesen. Es ist eine in den verschiedensten Coutumes hervortretende Bestimmung, der Vater dürfe kein „lieb Kind" machen, es sei nicht gestattet, *faire enfant chéri* oder *enfant de prédilection*. Allerdings kann eine Ungleichheit auch in der Art eintreten, dass ein Kind bei der Abschichtung mehr erhält, als schliesslich sein Kindestheil betragen würde; aber eine solche Ungleichheit tritt weniger hervor, da zur Zeit der Abschichtung die Vermögensverhältnisse vielfach anders liegen, als im Momente des Todes und man bei der Abschichtung keinen sicheren Blick in die Zukunft der Vermögensschicksale zu haben pflegt — daher bleibt man in diesem Falle gewöhnlich bei dem Gegebenen stehen und nur in Fällen des excessiven Uebermasses wird eingeschritten; nur verhältnissmässig wenige Coutumes versuchen es auch hier, durch rechtlichen Eingriff die erstrebte Gleichheit zu erzielen.

Auf solche Weise geben uns die französischen Coutumes ein reiches Bild der Entwickelung, welche sich hier im Rechtsleben vollzogen hat, um so reicher, als fast alle Phasen der Evolution vertreten sind: von den ersten Anfängen bis zur späteren Gestaltung, welche der Code civil recipirt hat. Dabei muss man wohl ins Auge fassen, dass das Datum durchaus nicht der Stundenzeiger der Entwickelung ist, indem bei der selbstständigen Entfaltung des Rechts in den unzähligen germanischen Rechtskreisen die eine Gegend oft frühzeitig die Mittelphasen durchlaufen hat, welche in der anderen mit merkwürdiger Zähigkeit haften.

§ 2.

Der Satz, dass das ausgestattete Kind definitiv abgefunden und von der Erbschaft ausgeschlossen ist[1]), findet sich insbesondere noch in dem alten Coutumier von Orléans, welcher uns in den sogenannten Etablissements Ludwig des Heiligen mit erhalten ist. In diesen Etablissements heisst es II 26[2]): *Ce que pere et mere fait à ses enfanz durant le mariage si est estable. Et s'il marie son fil ou sa fille, si s'en va quites o ce que pere et mere li done, sans retour* — —. Noch ausführlicher wird dieses Recht geschildert in dem Livre de Jostice et Plet XII 21 § 5 und XII 24 § 1. An ersterer Stelle (Ed. Rapetti p. 252) heisst es: *Se aucuns a vilenage et il et sa feme marie ses enfanz à aucuns et aucuns remeigne avec le père ou avec la mère et il i eist part d'éritage: cil qui remaint en la sele*[3]) *aura tot ce que père et mère aura — — Et ce est ausint en fiez et en vilenage; car quant que père et mère fit, si est estable.*

Der gleiche Grundsatz war auch einstens in Paris vertreten, wir

---

[1]) Vgl. zu Folgendem insbesondere Viollet, Etablissements de Saint Louis I p. 130 f., IV p. 269 f. Hier ist in der dankenswerthesten Weise eine Fülle von Parallelstellen angeführt.

[2]) Ed. Viollet II p. 418 f. Die Etablissements werden auch künftig stets nach Viollet's Ausgabe citirt.

[3]) Die Bedeutung von sele = celle ergiebt sich sofort aus dem Folgenden.

finden ihn in den Decisions von Jean des Mares No. 236: *se enfans sont mariez de biens communs de pere et de mere et autres enfans demeurent en Celle, c'est à dire en domicile de pere et de mere: iceuz enfans renoncent taisiblement à la succession de pere et de mere, ne ny puent rien demander au prejudice des autres demeurans en Celle, supposé qu'ils rapportassent ce que donné leur a esté en mariage, quar par le mariage ils sont mis hors la main de pere et de mere; se ce n'est que par exprés il eust esté reservé ou traité de mariage, que par rapportant ce qui donné leur a esté en marriage ils puessent succeder à leurs pere et mere, avec leurs freres et suers qui sont demeurez en Celle . . . . .*

Hier ist es gestattet, dass in dem Ehevertrage der Rücktritt zur Erbschaft vorbehalten werde. Ebenso in dem Coutumier von Amiens aus dem XIII. Jahrh. a. 50[4]). Denn dieser besagt: *chil qui sont marié au vivant leur père et leur mère ne poent riens demander au remanant de tous les biens leur père et leur mère — — s'il n'est ensi que le condicions du mariage ne soit tele, que pour cose que il emporte ne quict-il mie le remanant, car toutes conditions de mariages qui sont faictes sans fraude sont à tenir.*

Und fast wörtlich ebenso finden wir die Stelle in dem von Marnier herausgegebenen Coutumier der Picardie p. 158[5]).

Sehr häufig gilt das Forclosuresystem mindestens für die ausgestattete Tochter — es gilt hier, bis zum ledigen Heimfalle. So in dem Grand Coutumier de Normandie ch. 26[6]): *Si aulcune femme est mariée à aulcun homme, elle ne pourra rien demander à ses freres*[7]) *par raison de mariage, fors ce que pere ou mere luy donnerent quand*

[4]) Thierry, Recueil des monum. inédits de l'hist. du tiers état I p. 166 f. Vgl. hierzu auch Viollet a. a. O. I p. 130 f. IV p. 269 f.

[5]) Ancien Coutumier inédit de Picardie par Marnier (Paris 1840). Uebrigens hat Marnier den Schluss der Stelle gründlich missverstanden. Er will mit Einschiebung lesen: *que pour cose que il emporte ne quite, il (n'auront) mie le remanant.* Das wäre gerade das Entgegengesetzte. Die Clausel des Ehevertrages muss dahin gehen, dass die Ausstattung keinen Verzicht auf das Erbrecht enthalten solle.

[6]) Bourdot de Richebourg IV p. 14.

[7]) Wären bloss Töchter vorhanden, so könnte die ausgestattete in die Erbschaft eintreten unter Einwurf des Empfangenen; so die très ancienne coutume c. 9 bei Tardif, Cout. de Norm. p. 9 f.

ilz la marierent. Et se rien ne luy fut donné en mariage, elle ne pourra rien demander.

Und so auch noch die officielle Coutume (1583) a. 249 f.; doch kann der Tochter die Rückkehr zur Erbschaft vorbehalten werden, in welchem Falle sie den Vorempfang einwerfen muss; a. 250, 258, 259, 260, 358, 359, 361, 363[8]).

Aehnlich die Coutume de la ville et septene de Bourges a. 75: *fille mariée de pere et de mere ou partie et divisée à gré de ses frères ne peut jamais venir à eschoite ne à droict d'eschoite de pere, de mere ou de freres, tant comme il y ait hoir masle ou descendant de son hoir masle, combien que l'ung descendu soit femelle.*

Ebenso in dem alten Coutumier der Burgund (13. oder 14. Jahrh.) a. 13[9]): *Filles mariees de pere et de mere et pour mariage devis ne viennent point a succession de pere ne de mere ne de collateraulx avec les masles ou les hoirs de masles, se il ne leur fut reserve en elles mariant que elles y peussent venir par rappourtant ce qu'elles en auront pourte.*

Nicht minder in den Statuten der Provence, in welchen jedoch den Töchtern die legitima vorbehalten wird; so Statut von 1472[10]).

Aehnlich ist der Rechtszustand in der Charte de Montferrand von 1291 und im Coutumier des Masuer[11]); und ähnlich noch in der Coutume d'Auvergne von 1510; so ch. 12 a. 25: *Fille mariée par le pere .... douée ou non douée ait quitté ou non, ne ses descendans ne peuvent venir à succession de pere, mere, frere, soeur n'autre quelconque, directe ou collaterale, tant qu'il y a masle ou descendant de masle heritant esdites successions ......; a. 27: Le pere et autres ascendans en mariant en premieres nopces leur fille et autres descendans en droicte ligne, peuvent reserver à leur dite fille et autres descendans en droite ligne droit successif de pere, mere et autres sesdits ascendents.* Doch wird dieses Exclusivrecht einigermassen dadurch gemildert, dass die eine Tochter verlangen kann, so gut ausgesteuert zu werden, wie die andere, a. 35.

---

8) Vgl. darüber Basnage, Oeuvres (Ed. 1778) I p. 426 f.

9) Giraud, Essai sur l'hist. de droit franç. p. 271.

10) Julien, Commentaire sur les statuts de Provence I p. 433.

11) Rivière, Histoire des instit. de l'Auvergne I p. 405 f.

Eine ganz eigenartige Bestimmung enthält der cit. a. 25 am Schlusse. Der Verlust des Erbrechts soll nämlich nicht eintreten, wenn die Frau *fust mariée en premieres nopces en la maison de sesdits pere et ayeul, ou l'un d'eux, sans constitution de dot.* Was heisst das, die Frau heirathet in das Haus des Vaters? Dumoulin commentirt dies: *quando retinetur in familia, mos loquendi patriae* — mit anderen Worten, es handelt sich um eine Ehe unter Fortführung des väterlichen Haushaltes durch die verheirathete Tochter, wo die Ehefrau nicht das Haus ihres Vaters verlässt, sondern die Ehegatten in das väterliche Haus übersiedeln — es ist die aus der Rechtsvergleichung bekannte Ambilanakehe oder Binaehe: die Ehe, wie wir sie bei den Indern, den Persern, den Chinesen, den Japanern, den Malaien, wie bei den Griechen finden: die Ehe, bei welcher der Schwiegersohn Sohnesstelle einnimmt und den Haushalt des Schwiegervaters fortsetzt. In der That wird uns dieses Verhältniss sehr anschaulich geschildert von Chabrol, Coutume d'Auvergne (1784) I p. 376: *Il est fréquent dans cette province, surtout dans la campagne, qu'un père qui marie sa fille la retient de fait dans sa maison; il y reçoit son gendre; celui-ci devient un fils adoptif; ses enfans s'elèvent et sont nourris dans la maison de leur aieul, à sa table. Cette manière de marier les filles soulage le père et le dispense de donner une dot; il profite du travail de son gendre et il le nourrit; c'est ce qu'on appelle vulgairement „entrer gendre, aller gendre".*

Allüberall finden wir, wie ähnliche Lebensinteressen ähnliche Rechtsverhältnisse geschaffen haben. Durch eine solche Ehe wird die Frau nicht aus der Familie weggegeben, mithin hat diese Ehe auch keinen Ausschluss aus dem Familienerbrecht zur Folge; denselben Rechtssatz treffen wir auch bei anderen Menschenraçen unter anderen Breitengraden in ganz analoger Gestaltung.

Der Ausschluss der ausgestatteten Tochter findet sich auch noch in anderen Coutumes bis in die späteste Zeit; so in der Coutume de la Marche von 1521; in a. 221 heisst es: *Fille appanée ou douée et fiancée ou mariée par pere et mere — — ait renoncé ou non, elle et ses descendans sont privez et ne peuvent venir à succession de pere, mere — —*; eine Bestimmung, welche allerdings dahin ermässigt wird, dass, wenn andere Töchter ausgestattet worden sind, die mit wenigem abgefundene Tochter eine verhältnissmässige Aufbesserung verlangen kann; ja, sie soll dies auch sonst verlangen können nach

Gebrauch des Ortes, a. 246[12]): letzteres ist offenbar eine spätere Milderung, es stimmt auch nicht recht zu a. 291 (289)[13]). Der Gedanke aber, dass die eine Tochter so viel bekommen soll, als die andere, kehrt häufig wieder.

Auch die Coutume von Bourbonnais statuirt den Ausschluss der fille mariée et appanée; so die alte Coutume titre 12 a. 7 und die neue (v. 1521) a. 305.

Und auch in der Coutume d'Eu v. 1580 ist nur den männlichen Descendenten das Recht gegeben, unter Einwerfung der erhaltenen Aussteuer in die Erbschaft einzutreten; a. 117: *Pour le regard des meubles demeurez de la succession des pere et mere decedez, ils sont et appartiennent à tous les enfans egalement, pourveu qu'ils n'eussent esté mariez par le pere et mere, auquel cas ils ne peuvent aucune chose pretendre esdits meubles . . . . sauf que les puisnez masles ores qu'ils eussent esté mariez, pourront avoir part en rapportant ou moins prenant.*

Häufig ist die Ausschlussfolge, die Forclosure, auf die adelige Tochter beschränkt. So insbesondere in dem Rechte von Anjou Touraine, wie es in den sog. Etablissements enthalten ist, I 11: *Gentis hom si puet bien doner à sa fille plus grant mariage que avenant. Et se li peres la marioit o mains que avenant, si ne puet ele retorner à la fraresche*[14]). Es ist statuirt für die fille noble; denn im Uebrigen bestimmt die alte in den Etablissements enthaltene Coutume von

[12]) Hier ist die Lesart bei Bourdot de Richebourg IV p. 1120 unrichtig. Dieselbe ist nach der Ausgabe der Coutume de la Marche von Couturier de Fournoue v. 1744 p. 151 dahin zu verbessern: *toutefois si elle n'a point été douée selon les autres filles de la maison, si aucunes en y a qui ayent été douées; et s'il n'y a autres filles douées de ladite maison, elle sera douée selon l'avis des parens — —.*

[13]) *Le pere, soit gentilhomme ou roturier, peut donner à sa fille ce que bon luy semblera en la mariant; et ne peut la fille autre chose demander ès biens de sondit pere, que ce que luy a esté baillé par sondit pere en traité de mariage.* Hiernach wurde auch durch Urtheil vom 20. Februar 1693 erkannt, dass die Tochter keine Ergänzung verlangen könne; Couturier de Fournoue p. 164.

[14]) Viollet II p. 22 f. Wie aber, wenn ein Bruder die Schwester aussteuert? Auch hier kann die Schwester keine Aufbesserung verlangen — so lange ihr Ehemann lebt; wohl aber nach dessen Tode; Etablissements I 11 und die Derivate derselben, z. B. Liger in Beautemps-Beaupré, Coutumes de l'Anjou, Text F. 805 (II p. 292).

Touraine und Anjou[15]) ein anderes Recht, wie solches alsbald (S. 193 f.) entwickelt werden soll. Für die fille noble aber gilt dieser Satz, und er gilt noch in den späteren Fassungen des Anjou-Tourainer Rechts. Er ist insbesondere ausgesprochen in dem Rechtsbuche Liger's von 1437[16]) Nr. 804, wo es heisst: *Mais aussi s'il lui donne moins en mariaige qu'il ne lui fust escheu de sa suctession et ne lui eust donné que ung chappeau de rouses, mais qu'elle fust mariée en paraige, c'est assavoir noblement, si ne peut elle jamès riens demander en suctession de pere, de mere, de ayeul ne de ayeulle tant comme il y ait hoir masle ne representacion de hoir masle, si le pere ne la rappelle en disant qu'il vieult qu'elle vienne à suctession pour sa loyal porcion après son trespassement.*

Die Formel: es genügt ein Kranz von Rosen (d. h. ein Brautkranz), um die Tochter auszuschliessen, ist eine echt germanische Wendung, welche grosses Glück gemacht hat und häufig wiederkehrt, so auch in dem Texte bei Beautemps-Beaupré L. 128[17]), so auch in den officiellen Coutumes.

Denn ebenso erklärt auch die officielle Coutume von Anjou (von 1508), dass bei der Ausstattung einer femme noble durch ihren Vater die Ausstattung ihr die Erbschaft verschliesst; dies soll gelten, mag die Ausstattung beträchtlich sein oder nicht — sollte sie auch lediglich bestehen in einem chappeau de roses! Es heisst in a. 241: *s'il lui donne moins en mariage qu'il ne luy fust escheu de la succession et ne luy eust-il donné qu'un chappeau de roses, c'est à sçavoir quelque legier don de mariage — — si ne peut-elle rien demander en succession directe de pere, de mere, d'ayeul ne d'ayeule tant comme il y ait hoir masle — —*

Doch gilt dies nur, wenn die Tochter adelig verheirathet ist und wenn sie von dem Vater, nicht von einem Bruder in Ehe gegeben wird (a. 242. 244).

Aehnlich die Coutume von Touraine (v. 1507) ch. 25 a. 26. 27, und die neue Coutume (v. 1559) a. 284; und ähnlich die Coutume von Maine (v. 1508): auch hier erscheint im a. 258 die adelige ausge-

---

[15]) Etablissements II 136 (Viollet II p. 257 f.) und die Reconstruction des ursprünglichen Coutumier bei Viollet III p. 84 f.

[16]) Beautemps-Beaupré, Coutumes de l'Anjou et du Maine II p. 291.

[17]) Coutumes de l'Anjou IV p. 202.

stattete Tochter — sie erscheint mit ihrem chapel de roses; ebenso aber auch Lodunois ch. 27 a. 26, und ebenso Poitou anc. a. 200, nouvelle a. 220[18]); ebenso die très ancienne Coutume de Bretagne a. 210: *s'il leur donnoit moins que leur droit ne devroient-elles plus avoir, pourtant qu'elles fussent suffisamment apparagées;* und so noch die neue Coutume von Bretagne (v. 1580) a. 557[19]).

In verschiedenen Coutumes ist es mindestens gestattet, dass das Kind bei der Ausstattung auf die künftige Erbschaft verzichten könne; so Sens anc. a. 264, nouv. a. 267 (vorbehaltlich der Wahrung der legitima); so in der Coutume de Berry, titre 19 a. 33. 34; so bezüglich der Tochter Poitou anc. a. 201, nouvelle a. 221 u. a. In wieweit solches gemeines französisches Recht war, darüber vgl. Lebrun, Succession III ch. 8 (Ed. 1775 II p. 155 f.).

§ 3.

Soweit die ausschliessende Function der Ausstattung. Wo man dieselbe nicht mehr festhielt, galt der Satz, dass der Empfänger der Ausstattung, wenn er zur Erbschaft gelangte, das Empfangene in die Erbschaft einzuwerfen habe; denn die Ausstattung sollte ja keine Ungleichheit unter den Kindern bewirken, sie sollte nur zum Voraus einen Theil dessen bieten, was dem Kinde schliesslich zukommen muss. Ja, eine Bevorzugung des einen Kindes von dem anderen wurde nicht nur nicht vermuthet, sie wurde von dem Sinne des Volkes vielfach verpönt: der Gedanke des gemeinsamen Hausvermögens war noch so mächtig, dass man es vielfach als Unrecht empfand, wenn die Theile der Kinder nicht gleich waren. Wie aber, wenn die beschenkten Kinder auf die Erbschaft verzichteten, um sich an die Schenkung zu halten? In solchem Falle konnte durch das Mass der Schenkung ein ungleiches Verhältniss bewirkt sein; sollte dieses fortbestehen dürfen?

Die Coutumes zweiten sich; die strengsten sagten: es ist nicht statthaft, das eine Kind vor dem anderen zu begünstigen; und

[18]) Nach dem Livre de droiz (aus dem 14. Jahrh., Ed. Beautemps-Beaupré), welches allerdings nur unter Vorbehalt als Quelle des Poiteviner Rechts betrachtet werden kann (Viollet, précis de l'hist. du droit français I p. 161 f.), ist der ausgestatteten Frau der Rücktritt zur Erbschaft gestattet, wenn sie in Geld ausgestattet ist, nicht wenn in heritages; ch. 590. 674; vgl. noch 397. 597.

[19]) So auch Luxemburg (v. 1623) titre XII a. 10 und 11.

zwar darf diese Begünstigung weder in der Art geschehen, dass dem Kinde, wenn es Erbe werden will, der Rapport erlassen wird, noch auch so, dass es, wenn auf die Erbschaft verzichtend, der Rapportpflicht entbunden ist; vielmehr muss es auch im letzteren Falle sich einer ausgleichenden Procedur unterwerfen. Dies waren die Coutumes d'égalité parfaite.

Andere Coutumes adoptirten das directe Gegentheil: der Parens kann das Kind begünstigen; er kann ihm den Rapport erlassen, wenn es zur Erbschaft gelangt; und verzichtet es auf die Erbschaft, so ist es von selbst frei von jeder Ausgleichung. Dies waren die Coutumes de préciput.

Eine dritte Reihe von Coutumes schlug einen Mittelweg ein; wer zur Erbschaft gelangt, muss rapportiren und der Rapport kann ihm nicht erlassen werden; wer aber auf die Erbschaft verzichtet, kann nicht in Anspruch genommen werden: er behält, was er empfangen, auch wenn dieses mehr als seinen Erbtheil beträgt; und es kann sich nur noch darum handeln, ob die allgemeinen notherbrechtlichen Grundsätze nicht verletzt sind: Coutumes d'égalité imparfaite.

§ 4.

Das System der Egalité parfaite, wornach eine Ausgleichung auch dann stattfindet, wenn das ausgeschichtete Kind nicht zur Erbschaft kommen will, ist insbesondere in Anjou, Touraine und Maine vertreten. Es ist bereits vertreten in dem alten Coutumier von Anjou und Touraine, welcher uns in den Etablissements erhalten ist. Denn hier heisst es (Etablissements I 136)[1]: *Quant hom costumiers a enfanz, soient fiz ou filles, autretant a li uns come li autres en la terre au pere et a la mere; et tout autretant es muebles et es achaz et es conquez, s'il les ont; car borse à vilain si est patrimoines, selonc l'usage de la cort laie. Et se li hom costumiers avoit marié un de ses fiz et une de ses filles, et il en aust autretant à l'ostel qui ne fussent pas marié et li marié venissent à l'ostel et demandassent partie en l'escheoite, cil qui seroient en l'ostel ne la lor porroient pas veer par droit; mais il convendroit as autres que uns chascuns raportast ce qu'il avroit au en fraresche. — — Et se einsinc avenoit que li uns aust au trop grant*

[1]) Nach der Ausgabe Viollet's II p. 257 f.

partie et il ne vousist retorner à la partie et à l'escheoite dou pere et de la mere et li autre li deissent: „vos avez trop grant partie aue; venez frareschier o nos et si nos faites droit retour"; adonc droiz donroit que sa partie seroit veue par preudes homes; et s'il avoit trop au, il lor feroit droit retour sauf les amendemenz, se il les i avoit mis — — [2]).

Ebenso besagt der Text bei Beautemps-Beaupré[3]) A 104: *Il est usage en Enjou que le cotumier ne puit fere à ses enfenz l'une partie meindre de l'autre de éritage ne de meuble, fors tant comme il vit; quar après sa mort il sunt tuit frarecheau, en raportent arrière ce que il ont eu.*

Der Vortheil kann also höchstens in den Früchten der Sache bis zum Erbanfalle liegen: diese allerdings brauchen nicht conferirt zu werden — wie solches auch vielfach ausdrücklich gesagt ist, so in dem Text bei Beautemps-Beaupré L. 137[4]).

Und ebenso ist in dem Rechtsbuche Liger's, bei Beautemps-Beaupré F. 456[5]) gesagt: auch wenn Kinder übel ausschlagen, so können sie nach dem Tode des Vaters doch ihren Theil verlangen: *chascun d'iceulx foulz prendroit autant comme ung des saiges.* Im Uebrigen ist die alte Bestimmung von der vollkommenen Egalität auch bei Liger wiederholt, 462. 463. 806.

Auch in den officiellen Coutumes von Anjou gilt der Grundsatz der unbedingten Gleichheit. Daher müssen die ausgestatteten Kinder einwerfen, wenn sie zur Erbschaft gelangen, sie müssen sich eine Ausgleichung aber auch dann gefallen lassen, wenn sie auf die Erbschaft verzichten; denn *la coustume est telle que aucune personne non noble ne peut faire la condition d'aucun de ses heritiers presumptifs pire ou meilleure de l'un que de l'autre*; a. 260. Daher a. 260. 320. 334. 337; gerade in a. 334 ist ausgesprochen, dass, wenn das ausgestattete Kind verzichten will, *il y sera receu — — en rendant à*

---

[2]) Das Kapitel I 136 der Etablissements findet sich wieder in den Texten bei Beautemps-Beaupré, Coutumes de l'Anjou et du Maine, Text B. 142, C. 131, E. 176, F. 462. 463. 806, J. 207. Treffend sagt Viollet von dem in den Etablissements enthaltenen Anjoutexte: *la vitalité de ce texte est merveilleuse: c'est un aïeul et ses derniers descendants vivront jusqu'en* 1789 (Viollet, Etablissements I p. 381).

[3]) Coutumes de l'Anjou I p. 61.

[4]) Coutumes de l'Anjou IV p. 205.

[5]) Coutumes de l'Anjou II p. 176.

l'ordonnance de justice tout ce que son pere ou mere ou autre parent luy a donné, et faudra qu'il rapporte à la raison de la valeur en quoy estoient lesdites choses données au temps d'iceluy don — —. Die Jurisprudenz hat übrigens mit Recht angenommen, dass dieser Rapport nur den Miterben qua Miterben, nicht den Miterben qua Trägern der Universalsuccession zukomme, dass daher die Gläubiger des Nachlasses nicht darauf zu greifen berechtigt seien[6]).

Wenn bezüglich der hommes nobles etwas anderes gilt[7]), so ist dies leicht zu begreifen; denn hier besteht ein überaus bedeutsames droit d'aisnesse, welches die Stellung der jüngeren Geschwister zu einer geradezu prekären macht (a. 222 f.); daher ist nicht zu verwundern, dass man den jüngeren Geschwistern etwas aufzuhelfen sucht, indem man es den Eltern gestattet, einem derselben oder allen einen Theil des Vermögens zuzuwenden (a. 321 f.); das war kein Bruch in das Gleichheitsprincip, das war vielmehr eine Annäherung an dasselbe, soweit solches unter Aufrechterhaltung des Aeltestenrechts als durchführbar erschien.

Aehnliche Grundsätze gelten unter der Coutume von Touraine, unter der alten von 1507, wie unter der neuen von 1559. So gelten, was die alte betrifft, entsprechende Bestimmungen bezüglich der Ausstattung der adligen Jüngstgeborenen ch. 24 a. 3 f.; und der Grundsatz der perfekten Gleichheit unter den Kindern der Bürgerlichen wird ausgesprochen in ch. 27 a. 8 und 15, vgl. auch ch. 23 a. 1. Und was die neue Coutume betrifft, so vergleiche man a. 248 f., a. 302. 309; cf. a. 233 f.[8]).

Ebenso die Coutume von Maine von 1508; so a. 335 (Schenkung an die adligen Jüngstgeborenen) und a. 278. 346 (durchgehende Gleichheit bei den Bürgerlichen, Rapport auch im Falle des Verzichts); vgl. auch a. 349 (*personne coustumiere à son fils ou fille ou autre heritier presumptif qu'il ait ne peut donner plus à l'un qu'à l'autre*). Ebenso die allerdings nicht registrirte Coutume von Lodunois ch. 26 a. 1 f., ch. 25 a. 12, ch. 29 a. 7 und 12.

Ausserdem findet sich die Egalité parfaite in der Coutume von

[6]) Vgl. die Note zu a. 334 bei Bourdot de Richebourg IV p. 565.

[7]) Ebenso wie bereits Etablissements I 10.

[8]) In a. 302 findet sich übrigens die Milderung: *fors toutesfois pour cause de recompense de services ou merites bien et dûement verifiéz.*

Perche und in der Coutume von Dunois. In der älteren Coutume von Perche von 1505 heisst es, *titre des success.* a. 16: *Gens roturiers ne peuvent advantager l'un de leurs enfans plus que l'autre* — —; a. 17: *Et si pere ou mere roturiers avoient fait donaison de meubles ou heritages à l'un de leurs enfans, il est au choix du donataire de soy tenir à son don et soy abstenir ès successions de sesdits pere ou mere, ou y retourner en conferant et rapportant, ce que luy auroit esté donné, pourveu que la chose à luy donnée ne soit pas de plus grande valeur que la contingente portion qui luy pourroit escheoir desdites successions; auquel cas il doit et est tenu conferer à partage les choses à luy données ou à tout le moins de recompenser raisonnablement en heritage ses freres et soeurs ou leurs representans de ce qu'il seroit trouvé que le don excederoit sa contingente portion d'icelle succession eu esgard au temps de ladite donaison.*

Und in der neuen Coutume von 1558 heisst es entsprechend in a. 125: *Pere, mere, ayeul, ayeule ou autres ascendans ne peuvent par testament et derniere volonté ou disposition entre vifs — — avantager leurs enfans l'un plus que l'autre, soit qu'ils viennent à la succession ou qu'ils y veulent renoncer.* Vgl. auch a. 126.

Die Coutume von Dunois aber besagt in a. 64 ausdrücklich: *Le pere ou mere ne peut avantager l'un de leurs enfans plus que l'autre, venans ou renonçant à leur succession*[9]); vgl. auch ib. a. 66.

Auch die Coutume de Chalons ist den Coutumes de l'Egalité parfaite anzureihen; denn es heisst in a. 100: *Pere ou mere — — ne peuvent defendre qu'ils* (nämlich die Kinder) *ne rapportent les uns aux autres ce qu'ils leur auroient donné, soit qu'ils se veuillent porter heritiers, ou se tenir à ce que leur auroit esté donné.* So wird die Coutume auch von Brodeau aufgefasst[10]).

Ein Hauptgebiet der vollständigen Egalität aber war die Normandie[11]). Schon im Grand coutumier de Normandie ist ausgesprochen, dass der Vater *ne peut pas faire de son heritage l'un meilleur de l'autre. Mais après sa mort tout ce qu'il aura donné à aulcun d'eulx sera rapporté à partie entre eulx*, ch. 36, cf. ch. 26. Und so auch die

[9]) Vgl. die Note von Brodeau bei B. de Richeb. III p. 1073.

[10]) B. de Richeb. II p. 482.

[11]) Ich meine natürlich Egalität in Bezug auf Schenkungs- und Rapportrecht; im Uebrigen waren gerade in der Normandie die Vorzugsrechte sehr entwickelt.

officielle Coutume (v. 1583) a. 424. 431. 432. 433. 434; insbesondere heisst es an letzterer Stelle: *Le pere et la mere ne peuvent avantager l'un de leurs enfans plus que l'autre, soit de meuble ou d'heritage; par ce que toutes donations faites par le pere ou mere à leurs enfans sont reputées comme avancement d'hoirie* — —.

Allerdings liesse sich bezweifeln, ob in diesen Worten das Recht des Kindes, sich dem Einwurfe durch Verzicht zu entziehen, ausgeschlossen sei. Aber die normännische Jurisprudenz hat dieses entschieden angenommen, sie stützte sich auf die egalisirende Tendenz der Coutume und auf die Erklärung, dass die Schenkung als avancement d'hoirie zu erachten sei. So insbesondere Basnage II p. 268 f.

Eine Ausnahme bestand; oben wurde erwähnt, dass die Töchter durch die Ausstattung abgefunden waren, falls ihnen nicht der Zutritt zur Erbschaft offengehalten wurde.

Hierfür sollte aber auch die Tochter nicht mehr belästigt werden, auch wenn sie mehr, als ihr gebührt, erhalten hatte; nur dann wurde eine Anfechtung zugelassen, wenn der Tochter über $^1/_3$ des elterlichen Vermögens zugewendet worden war, a. 254.

§ 5.

Ein Verfechter des Préciput-Rechts ist Bouteiller. In titre 75 der Somme rurale[1]) erklärt er: *Si sçachez que jaçoit ce que plusieurs coustumiers maintiennent que de raison et coustume les enfans doivent faire rapport au commun mont de ce dont ils ont esté amendez de leur pere et de leur mere avant les autres freres et soeurs, se ils veulent avoir parchon avec les autres, il est à sçavoir que cy appartient declaration, c'est à entendre s'ainsi n'est que le pere ait ordonné en son testament qui vueille que ce que ainsi a donné et ordonné à tel N. soit avant part et que pour ce ne veut-il pas que cil auquel il a ainsi ordonné, soit forclos de la parchon commune* — — wofür er sich dann auf römisches Recht beruft. Ebenso heisst es im Folgenden, dass die ausgestatteten Kinder zu conferiren hätten, *pour ce que le pere est mors sans dire ne ordonner de ce*[2]).

[1]) Ed. von Ch. le Caron (1611) p. 439 f. Aus den fränkischen Formeln (vgl. darüber Heusler, Institut. II S. 570 Note 5) lässt sich eine frühere allgemeinere Geltung des Préciput-Systems nicht ableiten.

[2]) Ed. cit. p. 440.

Dieses von Bouteiller empfohlene Princip ist nun hauptsächlich vertreten von den Gewohnheitsrechten des mittleren Frankreichs: Bourbonnais, Nivernais, Berry, Auvergne, Poitou, la Marche, Angoumois, Saintonge, Rochelle, Bourgogne.

Die Coutume von Bourbonnais bestimmt in ihrem a. 308: *Donations faites par pere, mere ou autres ascendans à leurs descendans en préciput en contract de mariage et faveur d'icelui ne sont sujetes à collation entre les donataires et leurs cohéritiers*[3]).

Aber diese Bevorzugung ist nicht für alle Arten von Schenkungen statthaft, sondern nur im Ehevertrage; solches bestimmt bereits die citirte Stelle, solches bestimmt nochmals ausdrücklich a. 217: *Le pere, mere, ou l'un d'eux ne peuvent donner entre vifs à leurs enfans, hors contract de mariage, soient lesdits enfans emancipez ou non.*

Weiter geht die Coutume von Nivernais (1534) ch. 27 a. 7: *Pere et mere ne peuvent advantager par donation quelconque l'un de leurs enfants au prejudice de la legitime des autres. Et la donation autrement faite est reputée inofficieuse et doit estre revoquée jusques à ladite legitime et pour le surplus vaudra*[4]).

Und während a. 10 von dem Rapport spricht, fügt a. 11 zur Erläuterung bei: *Et s'entend ce que dit est, sinon que ledit enfant donataire se voulsist tenir en son don sans venir à succession, ou sinon que lesdits pere ou mere eussent donné par preciput ou inhibé le rapport ou collation de la chose donnée.*

Die Coutume de Nivernais gestattet also den préciput durch Schenkungen aller Art; aber sie bleibt hierbei stehen: denn bezüglich der Testamente bestimmt ch. 33 a. 11: *Aucun ne peut estre heritier et legataire d'une mesme personne.*

Aehnlich die Coutume von Berry (v. 1539). In titre VII a. 10 heisst es: *pourront les pere et mere et chacun d'eux donner librement à l'un ou plusieurs de leurs enfans leursdits biens meubles et immeubles, propres et conquests, en laissant la legitime, telle que de droict aux autres;* in titre XIX a. 42 ist beigefügt: *En succession de pere et mere*

---

[3]) Vgl. darüber Auroux des Pommiers, Commentar zu dieser Coutume II p. 64 f.

[4]) Vgl. hierzu auch Guy Coquille's Commentar, Ed. Dupin p. 361, worin die in den Preciputrechten liegende Steigerung der väterlichen Gewalt hervorgehoben wird.

les choses, par eux données, autrement qu'en preciput et avantage d'autres enfans, sont sujets à rapport[5]).

Uebrigens ist dieses Préciput-System in Berry eine Neuerung; denn nach der bereits oben erwähnten alten Coutume von Bourges a. 110. 111 ist eine Begünstigung des einen Kindes nur unter Zustimmung aller betheiligten Kinder gestattet.

Sodann findet sich der Préciput in der Coutume d'Auvergne (1510): hier kann sogar durch testamentarische Bestimmung eine Ungleichheit herbeigeführt werden; der Satz, dass Niemand zugleich Intestaterbe und Legatar sein könne, ist durchbrochen, ch. XII a. 46: *Et s'il estoit prelegué aucune chose à un héritier ab intestat, en advantage des autres succedans ab intestat, ledit legat vaudra de la quarte partie des biens du deffunt;* und über die Schenkung sagt ch. XIV a. 42: *Donations entre vifs faites tant à personnes estranges, qu'aux propres enfants etiam non emancipez de tous biens presens ou partie d'iceux valent, tiennent et saisissent — —.*

Vom höchsten Interesse ist die Coutume von Poitou (von 1560). Sie unterscheidet zwischen Propregut und zwischen Mobilien und Acquäst. Zu Gunsten Dritter nun kann man regelmässig über Mobilien und Acquäst verfügen und über $^1/_3$ des Propregutes — regelmässig, denn wenn blos Mobilien oder Acquäst vorhanden sind, bestehen weitere Beschränkungen. Zu Gunsten der Präsumtiverben aber darf man, auch wenn propres vorhanden sind, nur über Mobilien und Acquäst verfügen: bezüglich der propres darf die gesetzliche Portion eines Jeden nicht überschritten werden; so a. 215: *L'on ne peut donner à son heritier ou heritiers presumptifs — — de son heritage propre outre la portion legitime et coustumiere dudit heritier — —*[6]); a. 216: *Mais on peut bien donner à ses enfans ou heritiers presumptifs tous ses meubles et acquests immeubles et iceux faire la condition meilleure de l'un que de l'autre, pourveu que le donnant ait heritage obvenu par succession — —*[7]). Vgl. dazu a. 208. 203 f. 223. 224. 272.

---

[5]) Vgl. hierzu den Commentar von Thaumassière (Bourges 1701) p. 647 f.

[6]) Wie aber, wenn der heritier presumptif verzichtet? Wird dann die Propreschenkung soweit gültig, als sie zu Gunsten eines Fremden gültig wäre? Dies war streitig: vgl. Boucheul, Coutumier général ..... de Poitou (1727) I p. 613.

[7]) Muss die Vorausschenkung sich als solche ausdrücklich ankündigen? Viele behaupteten es überhaupt, viele mindestens für Schenkungen im Ehevertrage. Vgl. Boucheul I p. 623.

So die Coutume von 1560, ähnlich auch schon die ältere Coutume von 1514; schon sie bestimmt in a. 199, dass *aucun ne peult faire en son heritage l'un de ses heritiers oultre sa portion coustumiere meilleur que l'autre*, vgl. auch a. 208; wogegen man ihm Acquäst und Mobilien schenken könne.

Wie die Coutume von Poitou, so unterscheidet auch die von Angoumois (v. 1514) zwischen meubles, acquêts und propres, und dieselben Sätze über die Disposition gelten auch hier, a. 49 u. 51. 115[8]). Ebenso auch die Coutume von La Rochelle vom gleichen Jahre; denn es heisst hier a. 42: *Aucun ne peut donner à aucun de ses enfans ou hoirs presumptifs ne iceux advantager l'un plus que l'autre en aucune partie de son heritage a luy advenu par succession.* Hieraus wird e contrario geschlossen, dass bezüglich der Mobilien und des Acquästs freie Verfügung statthaft ist[9]). Nur verlangt man bei Verfügungen an Descendenten, dass der préciput ausdrücklich ausgesprochen sein müsse[10]). Und wenn in a. 44 gesagt ist, dass in Ermangelung von propres die Verfügung auch bezüglich der Mobilien und Errungenschaften beschränkt sei, so ist diese Bestimmung auch auf die Schenkungen an Kinder zu beziehen, analog den Sätzen des Rechts von Poitou[11]). Das beweist auch die benachbarte Coutume von Saintonge (v. 1520); sie bestimmt gleichfalls in a. 87: *Le pere et la mere ou autre parent en leur heritage peuvent advantager l'un de leurs enfants ou autres heritiers presumptifs, quand n'y a enfans, en la tierce partie de l'heritage.* Dabei wird (a. 88) bemerkt, dass in Ermangelung von propres der Acquäst, und in Ermangelung auch dieses die Mobilien wie propres behandelt werden.

Die unterschiedliche Behandlung der meubles, acquêts und propres führt zu Schwierigkeiten; diesen entgeht die Coutume de la Marche (von 1521)[12]); nach ihr ist $^1/_3$ des ganzen Vermögens verfügbar, und

---

8) Vgl. auch Souchet, Coutumes d'Angoumois II p. 1 f., 19 f.

9) Brodeau in seiner Note zu dieser Stelle, Bourd. de Richebourg IV p. 858; Lebrun III ch. 7 Nr. 12 (Ed. 1775 II p. 152); namentlich aber Valin, Nouveau Commentaire sur la coutume de la Rochelle II p. 333 f.: *tel est notre usage, usage constant et fort ancien.*

10) Vgl. Valin II p. 336.

11) Unrichtig Brodeau a. a. O.

12) Vgl. meinen Aufsatz in Z. für franz. Civilrecht V S. 407.

diese verfügbare Portion von $^1/_3$ darf man auch einem Kinde zuwenden, man darf sie ihm zuwenden durch Testament und durch donatio mortis causa; so a. 212: *Et si le pere ou mere avoient disposé dudit tiers au profit de l'un de ses enfans, telle donation ou disposition est bonne et valable — —; et en jouira ledit donataire par preciput et avantage par dessus ses autres freres et soeurs, sans d'icelle en faire aucun rapport*; und in a. 252 heisst es: *s'il estoit prelegué aucune chose à un heritier ab intestat en advantage des autres succedans ab intestat, ledit legat vaudra de la tierce partie des biens dudit deffunt.* Dagegen sind Vorausschenkungen inter vivos allerdings nur im Ehevertrage statthaft; a. 295 (alias 293): *Pere, mere, ayeul ou ayeule ne peuvent avantager l'un de leurs enfans plus que l'autre par donation ou autre disposition d'entre-vifs, sinon en contrat de mariage et faveur d'icelui.*

Auch die Coutume de Bourgogne (duché) gehört den Coutumes du préciput an. Es heisst hier ch. 7 a. 5: *Le testateur par testament n'ordonnance de derniere volonté ne peut faire l'un de ses vrais heritiers legitimes et qui ab intestat luy doivent succeder, meilleur de l'autre* — woraus sich das Recht der Bevorzugung inter vivos ergiebt[13]). Solches war auch in dem Cahier pour la reform. de la coutume, von 1569, a. 249 ausdrücklich ausgesprochen: *Donation faite entre-vifs par le pere à l'un de ses fils est valable. Et neanmoins ledit fils venant à la succession avec ses freres est tenu conferer et rapporter ladite donation; sinon qu'il y eût expresse prohibition de rapport. Et le semblable sera observé en toutes donations faites à ceux qui doivent succéder.*

Das System des Préciput ist daher von der Rhône und von den Bergen der Auvergne bis zum Meere verbreitet; es findet auch im Süden und im Norden Frankreichs seine Vertretung[14]).

Es findet sich in der Coutume von Bordeaux von 1520. Der Reserveerbtheil ist nach dieser Coutume $^1/_3$ der propres; von diesem $^1/_3$ kann man nichts an Fremde vermachen, aber man kann es beliebig theilen unter seine Kinder, unter Vorbehalt der legitima; so a. 60. 61. 63. In a. 63 heisst es: *Le pere pourra disposer à son plaisir des*

---

[13]) Vgl. den Commentar zu ch. 7 a. 5 in der Ausgabe der Coutume du duché de Bourgogne (Dijon 1717) und Chassenaeus ad h. l. Ueber den Rapport im älteren Burgundischen Recht vgl. den Coutumier bei Giraud, Essai II p. 271.

[14]) Es ist daher nicht zutreffend, wenn Pothier, Succession ch. 4 a. 2 § 1 sagt, dass nur eine kleine Anzahl von Coutumes diesem Systeme huldige.

biens tant acquests qu'heritages, à l'un de ses enfans, pourveu qu'il laisse la legitime aux autres enfans. Ein noch weiteres Verfügungsrecht steht dem Testator nach der Coutume de Bayonne (v. 1514) zu, tit. XI a. 6 f. — nur das Stammhaus, das lar, darf dem Aeltesten nicht entzogen werden.

Nach der Coutume von Marsan, titre des successions a. 7 und 8, kann man ein Kind zwar nicht in bonis avitis, wohl aber im Acquäst begünstigen.

Nach den Coutumes von Acs tit. I und S. Sevère tit. XII kann der Erblasser das Aeltestenrecht innerhalb gewisser Schranken durch Verfügungen zu Gunsten der Jüngstgeborenen schwächen.

Aber auch nördliche Coutumes huldigen dem Principe des Préciput.

So vor allem die Coutume von Rheims (v. 1556). Sie gestattet es, das eine Kind vor dem anderen zu begünstigen, sowohl inter vivos, als auch mortis causa — allerdings nur bezüglich der Mobilien und des Acquästes, nicht bezüglich der propres; a. 233. 287. 302. 317 f.[15]).

Aehnlich, wie Rheims, Noyon[16]), aber ohne Beschränkung, ausser der Pflichttheilsschranke, so a. 16: *mais si pere ou mere avoient donné à aucun de leurs enfans meubles ou heritage, hors part et par preciput, soit par testament ou disposition entre-vifs, tel don ne se rapporte, pourveu qu'il soit dit expressément qu'il est fait et donné hors part et par preciput. Et peut ledit enfant en ce cas estre legataire ou donataire et heritier ensemble; sauf aux autres enfans leur legitime et querelle de donation inofficieuse.* Vgl. dazu a. 20.

Ebenso Péronne: der parens kann hier zu Gunsten seiner Kinder frei disponiren und das eine vor dem anderen begünstigen, salva legitima; dies gilt von meubles, von acquêts, es gilt auch von propres, und es gilt von Dispositionen inter vivos wie mortis causa; und dieses kann geschehen in bürgerlichen Familien, es kann auch im Adel geschehen, es können insbesondere die Bestimmungen des Aeltestenrechts hierdurch modificirt werden, a. 107. 169. 204. 205.

In der Coutume von S. Quentin ist gleichfalls die Vorausschenkung gestattet, aber nur inter vivos; a. 44: *n'estoit que lesdites*

---

[15]) Varin, Archives législat. de Rheims I p. 978 f.

[16]) Vgl. hierzu Arrêt v. 23. Januar 1660 bei Lebrun, Successions III ch. 7 nr. 16 (Ed. 1775 II p. 152).

donations eussent esté faites entre-vifs, hors part et sans rapport. Aehnlich Ribemont a. 78 cf. a. 81.

Auch in der alten Coutume von Mante heisst es, titr. 17 a. 1, dass die verheiratheten Kinder zur Erbschaft gelangen können *en rapportant ce qui leur a esté accordé et donné en mariage, supposé qu'il n'en a esté aucunement* (wohl *autrement*) *parlé au traité de leur dit mariage.* Die neue Coutume von Mante (v. 1556) folgt in a. 161 dem Pariser Recht.

Nach den Coutumes von Lille (v. 1533) sind nur die Eheschenkungen zu conferiren, und diese nur, wenn nicht *à ce it soit derogué par les traictez de leurs mariages,* I 18 cf. I 20.

Aehnlich die Coutume von Marsal (1627) a. 56: *Deniers et autrès choses données en mariage sont sujettes à rapport par ceux qui veulent entrer en partage, si donc il n'apparoist clairement le donateur en avoir autrement disposé.*

§ 6.

Ganz ausgeschlossen ist die Collation in den Coutumes von Artois: in der Coutume von 1509, wie in den Coutumes von 1540 und 1544[1]). In der ersteren heisst es, a. 101: *En matiere de succession entre coheritiers on n'est tenu de faire rapport de ce qu'on auroit eu, en avancement d' hoirie ou autrement, de celuy dont procede la succession.* So a. 104 von 1540, a. 148 von 1544.

Und auch nach der Coutume von Arras findet die Collation nur statt, wenn sie ausdrücklich bedungen ist, a. 20: *n'a collation lieu, si elle n'esté expressement conditionnée.*

Im bailliage von S. Omer dagegen wurde dieses System nicht festgehalten; hier heisst es a. 58: *s'ils veulent venir à partage, ils seront tenus de rapporter tout ce qu'ils auront eu en don, par prestrise, mariage ou autres dons à eux faits*[2]), und ebenso die Coutume der Stadt S. Omer (v. 1612) a. 31, welche die in den nördlichen Coutumes unzählige Mal wiederholte Bestimmung, dass es nicht gestattet ist, „lief kind" zu machen, wiedergiebt.

Ebenso wird das Princip der Artesischen Coutume in anderen Localrechten gebrochen; so in der Coutume von Angle, rubr. 6 Abs. 8:

[1]) Maillart, Coutumes générales d'Artois p. 824 f.

[2]) Bourdot de Richebourg I p. 281. 287.

En matiere de rapport, chacun est tenu rapporter tous dons et avancemens faits en mariage, sans qu'il s'en puisse faire par pere ou mere aucun écrit — — —; in der Coutume der Chastellenie von Hesdin (v. 1627) a. 34[3]); in der Coutume de Lalleue[4]); in der Coutume de S. Pol (v. 1632) titre 4 a. 4; hier mit eigenartiger Wendung: *on est tenu de faire rapport de ce qu'on auroit eu par avancement de mariage d'hoirie ou autrement de celuy dont procede la succession pour chose mobiliaire. Mais s'ils ne vouloient partir qu' à la succession immobiliaire, ils ne seroient tenus de rapporter fors heritages, qui auroient esté donnez en avancement de succession.*

Der Coutume d'Artois ähnelt dagegen die Coutume von Valenciennes (v. 1619) a. 107: *On peut donner à son enfant en avancement de mariage ce que bon semble, et ne sera tel enfant tenu rapporter ledit advancement venant à la succession de son pere ou sa mere, n'est qu'il y ait devise au contraire par le traicté de sondit mariage, testament ou autre disposition posterieure.* Aehnlich auch die Coutume von Chauny; nur schliesst dieselbe die Collation lediglich bei Mobilien aus, und auch dies thut in der Allgemeinheit nur die alte Coutume (v. 1510) a. 19. 20. 44 und 47. In a. 19 heisst es nämlich: *Quand — — — aucune chose est donnée pour et en advancement de mariage, si c'est chose mobiliaire, le donateur n'est tenu icelle conferer ne rapporter, pour venir à succession, s'il n'est dit par le traité au contraire.* Dumoulin hat darum auch die Coutume eine stulta et iniqua consuetudo gescholten[5]); in der That wurde die Bestimmung in der neuen Coutume von 1609 in das Gegentheil verkehrt, was nämlich die Schenkungen im Ehevertrage betrifft, a. 21: *est tenu le rapporter en leur succession ou d'autant moins prendre, s'il n'est dit au contraire;* während in Bezug auf die übrigen Schenkungen der alte Rechtssatz bestehen blieb, a. 22, a. 47 und 50[6]).

Etwas ähnliches hatte in einigen Theilen von Vitry gegolten, jedoch mit einer Modification, welche an die Coutume von S. Pol erinnert; der Coutumeentwurf lautete: *par mesme coustume, observée*

---

[3]) B. de Rich. I p. 341.

[4]) B. de Rich. I p. 371.

[5]) B. de Rich. II p. 665.

[6]) Bezüglich der Legate galt allerdings in der alten wie in der neuen Coutume der Satz: *nul ne peut estre legataire et heritier ensemble*, a. 13.

audit bailliage, deniers donnez à fille mariée avec homme noble ne cheent en rapport par les conjoints en venant à la succession immobiliaire des pere et mere de ladite fille, n'estoit que lesdits deniers au partie d'iceux eussent esté baillez pour convertir et employer en heritage — —, diese Bestimmung wurde aber bei der Redaction der Coutume gestrichen[7]).

§ 7.

Hier kann schliesslich noch einiger Coutumes gedacht werden, welche nach gewissen Seiten hin Anklänge an das Préciput-System zeigen; ich meine insbesondere die Coutumes von Amiens und die Coutume von Laon.

Zwar gehen beide Coutumes von Amiens, die alte (v. 1507) a. 41, wie die neue (v. 1567) a. 92. 93, von dem Princip der einfachen Egalität aus: Einwurfspflicht, aber Möglichkeit des Erbverzichts unter Wahrung der Eheschenkungen. Aber in einem Fall bricht der Gedanke des préciput durch: sind alle Kinder ausgestattet, so haben sie nichts einzuwerfen, auch wenn sie die Erbschaft annehmen; sie haben nichts einzuwerfen, wenn auch ihre Ausstattungen noch so ungleich sein sollten[1]); so heisst es in der neuen Coutume a. 93: *si tous lesdits enfans étoient mariez, n'y a point de rapport entre eux, supposé que l'un eût eu beaucoup plus en mariage que l'autre.* So auch Cambray (v. 1574) titre 12 a. 27.

Eine ganz besonders interessante Bestimmung hat die Coutume von Laon (1556) a. 97. Hier gilt zwar im Allgemeinen der strenge Grundsatz, dass der Ascendent nicht fähig ist, die Rapportpflicht der Kinder, welche zur Erbschaft kommen[2]), zu heben; in einem Falle aber gilt etwas anderes. Da die Erziehungskosten und ähnliche die Person treffende Auslagen dem Rapport nicht unterliegen, so kann auf solche Weise trotz aller Rapportpflicht eine gewisse Ungleichheit

---

[7]) Bourdot de Richebourg III p. 333.

[1]) Dumoulin erklärt dies dahin: *quia tunc satis apparet quod parens voluit eos esse inaequales.* Man bezog diesen Artikel übrigens nur auf die Eheschenkungen; so Entscheidung v. 1586 bei Ricard, Coutumes d'Amiens p. 32 (auch cit. von C. le Charon in der erwähnten Ausgabe des Bouteiller p. 444).

[2]) Denn die nicht zur Erbschaft kommenden Kinder behalten ihre Zuwendungen, auch wenn sie dadurch begünstigt sein sollten, vorbehaltlich des Rechts der legitima: so a. 52: *peut donner à l'un de ses enfans non venans à succession — —*; a. 91.

entstehen. Diese Ungleichheit nun soll der Ascendent dadurch heben können, dass er dem weniger begünstigten Kinde einen entsprechenden Voraus zuwendet: *pere ou mere, ayeul ou ayeule qui ont deboursé pour un de leurs enfans deniers pour nourriture ou entretenement d'escolles, ou pour autre cause, pour laquelle ledit enfant n'est tenu de rapporter, peuvent, en gardant égalité, leur donner entre-vifs ou par testament ordonner que leurs autres enfans prendront pareille somme en leurs successions par preciput et avant partage.*

§ 8.

Besonders bedeutsam war in Frankreich das System der unvollkommenen Gleichheit, der égalité imparfaite; der Gedanke, dass das Kind zwar qua Erbe nicht begünstigt werden soll, dass es aber sich an seine Schenkung halten und auf die Erbschaft verzichten kann, hat in Frankreich tiefe Wurzeln gefasst, insbesondere da er bei Beaumanoir eine glänzende Ausführung gefunden hat. Beaumanoir, mit seiner Klarheit und seinem bon sens, spricht sich in verschiedenen Stellen über die Frage aus, und seine Darlegungen haben wie gewöhnlich den Charakter, dass sie die innersten Motoren des germanischen Volksgeistes wiederspiegeln: Beaumanoir ist der durchsichtigste Spiegel germanischer Rechtsideen, man kann Beaumanoir nie genug lesen und bewundern. Meisterhaft schildert er die Rapportverhältnisse in ch. 14 § 13: *Chil qui veut partir à descendement et avoit emporté aucune coze du pere et de le mere doit raporter tout entierement ce qu'il emporta* — — —. Er kann rapportiren, aber er muss es nicht, er kann auf die Erbschaft verzichten und sich an die Ausstattung halten: *il loist à celui que pere et mere marient qu'il se taise, s'il li plet de venir à partie et se tienque à ce qui li est donné.* Doch gilt dies nur mit Beschränkung: *ne porquant li dons porroit bien estre donés si outrageus que li peres et le mere donerent à celui, qu'il ne seroint pas à tenir, car il ne loist pas au pere et à le mere à donner tant à l'un de lor enfans que li autres en demeurent orfelin et desherité; doncque est ce à entendre que li dons soit resnables selon ce qu'il ont, si que li autre oir n'en soient pas desherité* . . . . . In ch. 70 kommt Beaumanoir auf die Sache zurück: *cil que pere et mere marient ont le cois de raporter et de partir ou d'aus taire sans raporter et sans partir, quant il se tienent por paié de che qui lor fu doné à mariage, c'est à entendre quant li don ne furent pas si outrageus que li autre en demorerent desherité. Et tex dons qui sunt si outrageus doivent estre amesuré par estimation de loial juge.* Denn *il n'est pas resons entre cix qui sunt frere et seror, que li uns ait tout et li autres nient.* (Ed. Beugnot).

Von den gleichen Grundsätzen geht auch Ableige's Werk aus. In dem Theile über die Erbschaft II 40[1]) ist insbesondere der Satz ausgesprochen, dass *nul ne peult estre héritier et légataire,* dass aber der Bedachte für sein Legat optiren und auf die Erbschaft verzichten kann; ausserdem ist gesagt: *ne père ne mère à leur fin ne pevent faire aulcuns de leurs enfans de meilleure condition l'ung que l'aultre, non mie faire don ou lais en la personne à laquelle l'ung des enfans pourroit plustost succéder que l'autre, ou de qui ledict lais ou don pourroit plustost redonder à l'ung que à l'aultre.*

Aehnlich heisst es in dem Coutumier d'Orlenois, in den Etablissements II 26[2]): *Ne pere ne mere ne puet faire en sa veveté l'une partie meillor de l'autre, se ce n'est de l'asantement des anfanz qui soit pas estable selonc l'usage d'Orlenois.* Der Beisatz *en sa veveté* findet sich nicht in allen Handschriften.

Dieses System der einfachen Egalität ist in die Coutumes von Paris und Orléans übergegangen und wurde in vielen anderen Coutumes wiederholt. In der alten Pariser Coutume von 1510 kam es zum Ausdrucke in den a. 121—125. Insbesondere heisst es in a. 124: *Pere et mere ne peuvent, par donation faite entre vifs, par testament, ordonnance de derniere volonté ou autrement en maniere quelconque advantager leurs enfans, venans à la succession, l'un plus que l'autre.* Und in a. 125: *Si par le pere ou mere ou l'un d'eux, en leur vivant, a esté ordonné aucune chose à aucun ou aucuns de leurs enfans et apres leurs trespas ils se veulent d'eux porter pour heritiers avec leurs autres enfans qui n'ont rien eu et ausquels n'a esté aucune chose donné, ils seront tenus de rapporter et remettre esdites successions ce qu'ainsi leur a esté donné — — ou moins prendre esdicts biens desdictes successions; autrement ne doivent estre receuz à eux porter heritiers de leursdicts pere et mere.*

Dasselbe Princip ist in der neuen Coutume von Paris (v. 1580) vertreten in a. 303 f. Hier ist die Art des Rapports näher bezeichnet

---

[1]) Grand Coutumier, Ed. Laboulaye und Dareste p. 365. 369. 372.

[2]) Viollet I p. 511, II p. 419.

in a. 305, und in a. 307 ist zur Vermeidung von Missverständnissen ausdrücklich beigefügt: *Néanmoins où celuy, auquel on auroit donné, se voudroit tenir à son don, faire le peut, en s'abstenant de l'heredité, la legitime réservée aux autres enfans.* Das Redactionsprotokoll der neuen Coutume erklärt zwar, dass dieser Artikel, wie einige andere, beigefügt worden sei *pour avoir lieu à l'advenir sans prejudice de ce qui a esté gardé par le passé*[3]; aber es ist sicher, dass er nur ein Recht ausspricht, welches bereits in dem früheren Gewohnheitsrechte gegolten hatte.

Interessant ist auch noch die Bestimmung, welche als a. 301 beigefügt wurde: *Peut toutesfois entre vifs estre donataire et heritier en ligne collaterale;* denn nach a. 300 kann auch in der Collateralenlinie Niemand zugleich Erbe und Legatar sein — wie solches später zu entwickeln sein wird.

Kann der Beschenkte auch dann verzichten und seine Schenkung vom Einwurfe frei halten, wenn sie ihm ausdrücklich en avancement d'hoirie gemacht worden ist? Dumoulin leugnete es; er nahm an, dass in solchem Falle durch den Erbverzicht donatio resolvitur tanquam causa finali non secuta[4]). Allein diese Ansicht drang in der Praxis nicht durch; eine Entscheidung vom 29. August 1571 enthebt den Beschenkten auch in diesem Falle der Einwurfpflicht[5]).

Ganz ähnlich das Gewohnheitsrecht von Orléans; so das alte Recht von 1509 a. 216; hier ist bereits bemerkt: *se pourront iceulx enfans donataires tenir à la donation qui leur a esté faicte, en renonçant à la succession de leursdits pere ou mere;* und ebenso findet sich hier in a. 269 der Satz: *En succession collaterale on peut estre heretier et donataire par contract faict entre vifs:* also Egalitätssystem in der Descendentenfolge, Begünstigungsrecht unter Collateralen — allerdings auch dieses nur inter vivos: denn *aucun ne peut estre heretier et legataire d'une mesme personne,* a. 226. Die neue Coutume von 1583 enthält in a. 272. 286. 288. 306—309 theils eine Wiederholung der alten Coutume, theils eine Fortbildung des Rapportrechts. In a. 272 ist insbesondere ausgeführt, dass auch im Falle des Verzichts die Schen-

---

[3]) Tournet, Coustumes de .... Paris (1650) II p. 855 f.

[4]) Comment. in Consuet. Parisienses tit. I § 26.

[5]) Delalande, Coutume d'Orléans ad a. 286.

kung angefochten werden kann, wenn sie eine „donation immense“ ist, wenn sie die legitima der übrigen Kinder verletzt.

Beträchtlich ist die Zahl der Coutumes, welche diesen Grundsätzen folgen[6]), entweder in gewisser Selbstständigkeit der Redaction oder in nahem Anschluss an die Pariser Fassung. Die Grundsätze sind vertreten in der Coutume von Clermont en Beauvoisis (v. 1539) a. 129. 145 f.; Senlis (v. 1539) a. 151. 161. 213, cf. 217; Valois (v. 1539) a. 81. 82. 83. 133; Meaux (v. 1509) a. 11—14[7]); von Melun (v. 1506) a. 92. 104 und 105, und neue Coutume (v. 1560) a. 274—278; von Sens (v. 1506) a. 65. 97. 261 f. 267, und neue Coutume (v. 1555) a. 73. 89. 110. 264. 270f.[8]); von Auxerre (v. 1507) a 69. 96, und neue Coutume (v. 1561) a. 230. 244. 250. 252. 253; von Troyes (v. 1509) a. 113. 142. 143; von Vitry (v. 1509) a. 73. 99[9]); von Bar (v. 1579) a. 100. 133 f. 138. 165; von Bassigny (1580) a. 141. 142. 156.

So ferner Montargis (v. 1531) ch. 11 a. 2 und 9, ch. 12 a. 2, ch. 15 a. 1[10]); Blois (v. 1523) a. 158. 166. 167[11]); Estampes (v. 1556) a. 111. 112; Dourdan (v. 1556) a. 107. 108; Montfort (v. 1556) a. 93—96; Mante (v. 1556) a. 161. 162[12]); Chateauneuf (v. 1552) a. 123. 127, vgl. auch Dreux a. 91, Chartres a. 100.

So ferner Calais (v. 1583) a. 95 f.; Sedan (v. 1568) a. 129. 183 f.; Bouillon (v. 1628) ch. 12 a. 2; Clermont en Argonne (v. 1571) ch. 8 a. 3, ch. 9 a. 1 f., cf. ch. 7 a. 4 f.

---

6) Vgl. auch Ferrière, Corps et compilation de tous les commentateurs sur la coutume de Paris ad a. 303; sodann die allerdings nicht erschöpfende Aufzählung in Klimrath, Travaux II p. 331 f.: nur ist hier unrichtiger Weise die Coutume von Nivernais mit aufgeführt.

7) Vgl. dazu Bobé, Comment. sur les Cout. de Meaux (1683) p. 24 f.

8) In a. 97 anc., 110 nouv. ist bemerkt, dass eine übermässige Schenkung auch dann angefochten werden kann, wenn sie mit dem Unterhalte des Elterntheiles belastet ist, es müssten denn die übrigen Kinder dem Elterntheil den Unterhalt verweigert haben. Dies findet sich auch in anderen Coutumes, z. B. Auxerre a. 110 anc., 220 nouv.

9) Vgl. oben S. 20f.

10) Vgl. auch die Ausgabe von Tardif, Coutume de Lorris a. 228. 235. 239. 255.

11) Aus a. 166 geht hervor, dass dies für Blois eine Neuerung ist.

12) Ueber die alte Coutume vgl. oben S. 19.

So Tournay (v. 1552) ch. 25 a. 4[13]); Gorgue (v. 1627) a. 93. 94. 123.

Dahin sind auch verschiedene Localcoutumes bei Amiens zu zählen. Bezüglich der Coutume von Amiens selbst, welche nur nach einer Seite dem préciput Raum giebt, vgl. oben S. 21.

Von solchen Localcoutumes sind zu nennen Cunchy a. 15, Senghein en Weppes a. 24, Montreuil, a. 25, Ongnies a. 13, Riquebour Saint Vaast a. 21[14]).

Auch die Coutume de Bretagne ist den Gewohnheitsrechten der einfachen Egalität zuzurechnen: auch hier ist es nicht gestattet, einen seiner heritiers presumptifs vor dem anderen zu begünstigen, abgesehen davon, dass unter Adeligen die jüngeren Geschwister bestimmte Vorauszuwendungen erlangen können, Zuwendungen, welche aber nur eine Milderung des Aeltestenrechts enthalten. So alte Coutume (v. 1539) a. 220. 229. 230. 530 f.; so die neue Coutume (v. 1580) a. 199. 217. 596 f. Dass der Beschenkte sich an die Schenkung halten und auf die Erbschaft verzichten konnte, war auch nach dieser Coutume anzunehmen[15]).

Auch die flandrischen Coutumes folgen dem System der einfachen Egalität; gewöhnlich findet sich in ihnen die „Liebkindklausel“: es sei nicht gestattet, lieb Kind zu machen; sodann wird bestimmt, dass die Kinder die empfangenen Schenkungen einwerfen müssen, falls sie in die Erbschaft eintreten wollen, dass sie aber von dem Todtenhause fern bleiben und so ihre Schenkung behalten können; wobei sich im Einzelnen manche Varianten finden.

Die Coutume von Bourbourg, rubr. XII dehnt die Liebkindklausel auf alle Intestaterben, auch auf die Seitenverwandten aus[16]); sie lässt die Abstention der Kinder unter Festhaltung des Erlangten nur bei Eheschenkungen zu, während Seitenverwandte sich auch andere Schenkungen wahren können; insbesondere enthält sie, a. 5, die

---

13) En succession de ligne directe descendante collation de biens a lieu.

14) Bei Bouthors, Coutumes locales d'Amiens II p. 239. 352. 669. 412. 505.

15) Argentré, Comment. ad. a. 220.

16) Vgl. auch Coutume von Cassel a. 293: *Quiconque voudra venir à partage devra rapporter ce dont il a profité du défunct, de quelque maniere que ce soit, si bon luy semble; neanmoins il pourra s'abstenir et se tenir à ce qu'il a receu, sans venir au partage.*

interessante Bestimmung, dass, wenn alle Intestaterben ausgesteuert oder beschenkt sind, *celuy qui a la plus grande part devra rapporter ce qu'il aura receu de plus, s'il veut partager.*

Nach der Coutume von Brügge (v. 1619) tit. VII a. 5[17]) ist es Niemandem „gheorloft, lief Kindt te maecken.“ Aber die Kinder können auf die Erbschaft verzichten und das Geschenkte behalten unter Vorbehalt einer etwaigen querela inofficiosae donationis oder dotis (a. 6.).

Aehnliche Bestimmungen enthalten die Coutumes von Ostende (v. 1611) rubr. XII, von Nieuport (v. 1616) rubr. XXI, von Veurne (Furne) (v. 1615) tit. XVIII, von Poperinghe (v. 1620) tit. X a. 38 f., von Bailleul (v. 1632) rubr. VIII a. 12 f., Ypern (v. 1619) rubr. X a. 31 f., Rousselaere (v. 1624) rubr. XIII a. 10 f.; ferner die Coutumes von Kortrijk (Courtray) (v. 1557) rubr. XVII, Gent (v. 1563) rubr. XXVII[18]), Audenaarden (v. 1615) rubr. XXIV, Ecloo (v. 1619) rubr. XIX, Assenede (v. 1619) rubr. XX; die Coutumes von Alst (Alost) (v. 1540) rubr. XX a. 33, von Ronsse (Renaix) (v. 1552) rubr. XV, von Dendermonde (Termonde) (v. 1629) rubr. XVII; so die Coutume von Waes (v. 1618) rubr. VI.

Aehnlich ist es auch in der Coutume von Brüssel a. 281 f.; in der Coutume von Mecheln (Malines) (v. 1535) XVI a. 4 und 5[19]).

§ 9.

Eine grosse Mannigfaltigkeit zeigen die Coutumes auch bezüglich der Frage, ob der Rapport nur in der Descendentenerbfolge oder auch in sonstigen Erbschaftskreisen stattfindet, insbesondere also in der Collateralenfolge. Die Pariser, wie die Orleaner Coutume statuiren ihn nur in der Descendentenfolge, und in vielen Coutumes wird der Rapport der Collateralen ausdrücklich verneint; z. B. Coutume de Laon (v. 1556) a. 98: *Rapport n'a lieu en ligne collatérale, s'il n'est dit*; Clermont en Argonne (v. 1571) ch. 9 a. 8; Rheims a. 324; Sens a. 165; Chalons a. 107; Orléans a. 288: *peut toutesfois entre-vifs estre donataire et heritier en ligne collaterale;* Paris a. 301; Normandie a. 425; Bassigny a. 142; Nieuport rubr. 21 a. 2 u. a.

Wohl aber wird meistens der Satz aufrecht erhalten, dass Niemand

---

17) Ed. G. v. Severen I p. 36 f.

18) Ed. Gheldolf I p. 158; vgl. auch ib. p. 685 f. über die Enquête par turbe.

19) Ed. Longé p. 124 f.

zugleich Erbe und Legatar sein kann, dass also eine Begünstigung eines zur Erbschaft gerufenen Collateralen nur durch Schenkung, nicht durch testamentarische Disposition erfolgen darf[1]). Unzählige Mal kehrt der Satz wieder: *Aucun ne peut estre heritier et legataire d'un defunt ensemble;* so Paris a. 300, Orléans a. 288 (wo die donations pour cause de mort insofern den Legaten gleichgestellt werden); Vitry a. 100, Nivernais ch. 33 a. 11, Chateauneuf a. 114, Chalons a. 71, Chauny a. 13, Chartres a. 92, Montfort a. 93, Manté a. 152, Meaux a. 33, Troyes a. 112, Sens a. 72, Chaumont a. 85.

Galt dieser Satz auch in den Coutumes muettes? Die Frage war streitig; für Vermandois wurde es verneint: es wurde entschieden, dass Jemand in der Collateralenlinie héritier und légataire sein könne[2]).

Einige Coutumes allerdings verpflichten auch die Nichtdescendenten zum Schenkungsrapport; so Blois a. 158 (*aucun ne peut estre heritier et donataire ou legataire*), a. 166. 167; Anjou a. 260. 320. 337 (*heritiers presumptifs*), Maine a. 278. 333. 346. 349; Touraine a. 302[3]) (*heritiers*); Lodunois ch. 25 a. 1 und 12; Poitou a. 215 f.; Rochelle a. 42 (*hoirs presumptifs*); Saintonge a. 87.

In der Coutume von Poperinghe X 40 heisst es: *tous les heritiers, tant en ligne directe que collaterale voulant prendre part dans une maison mortuaire ou succession, seront tenus de rapporter* — — Aehnlich die Coutume von Bourbourg rubr. 12 a. 1. 3. 7.

Einige Coutumes gestatten umgekehrt, einen Erben auch durch testamentarische Verfügung zu begünstigen, so Rheims, Noyon, Péronne, wie dies bereits aus dem Obigen (S. 18) hervorgeht.

§ 10.

Bezüglich der Zuwendungen, welche der Collation unterliegen und bezüglich derjenigen, welche von der Collation ausgeschlossen sind, enthalten die Coutumes interessante Details. Dass die während Lebzeiten des Erblassers gezogenen Früchte nicht zu rapportiren sind[1*]),

---

[1]) Vgl. Lebrun, Successions III ch. 7 (Ed. 1775 II p. 150 f.); Duplessis, Successions (Traités Ed. 1654 I p. 225).

[2]) Valin a. a. O. II p. 336.

[3]) Jacquet, Abrégé du commentaire de la coutume de Touraine II p. 321.

[1*]) Früchte bis zum Tode des Erblassers, Entscheidung v. 1. Juli 1653 (zur Cout. v. Maine) vgl. Jacquet, Cout. de Touraine II p. 321.

ist allgemein; manche Coutumes gehen so weit, dass auch die nach dem Tode gewonnenen Früchte dem Donatar verbleiben bis zur Theilungsklage; so die Coutume von Orléans a. 286: *du jour de la provocation à partage*[2]); so die Coutume von Bretagne, die alte (v. 1539), a. 531: *il ne sera tenu à rapporter les levées des heritages du temps de paravant la demande du partage fait par court;* und so die neue (v. 1580) a. 597; was denn auch Dumoulin missbilligt: *quod est injustum, maxime quum sciret sic habere coheredem et fructus sunt pars successionis*[3]).

Gewöhnlich werden von der Collation ausgenommen die Erziehungskosten[4]): *nourritures, entretenemens, instructions et apprentissages d'enfans*, so Coutume d'Orléans a. 309; die *livres, nourritures, pensions et entretenemens soit aux armes, estudes ou autres vacations*, so Bretagne a. 597; oder *la despense faite pour entretenir enfans aux escolles ou pour les envoyer en la guerre ou pour leur apprendre mestier et marchandise*, Grand Perche a. 127; oder die *despens faits pour entretenir les enfans à l'estude et leur faire aussi acquerir les degrés ou pour les promouvoir à la gendarmerie, aux ordonnances du Roy, ou chevalerie*, Berry, titre 19 a. 42.

Aengstlicher ist die Coutume de Chalons a. 105, wo vom Rapport ausgenommen sind: *les deniers desboursez . . . . pour nourriture ou entretenement aux armes pour le service du Roy (pourveu toutesfois qu'ils ayent esté faicts moderément et selon leur qualité et auparavant qu'iceux enfans fussent mariez ou qu'ils eussent attaint l'aage de vingt-cinq ans) ne pareillement les deniers desboursez pour entretenement et institution ès arts liberaux ou mechaniques, ou pour acquerir degré esdits arts liberaux, et jusques au degré de licence inclusivement seulement.* Im folgenden Artikel ist als rapportabel erklärt, was ausgelegt wird *pour payement de rançon, achat d'office*, sodann für höhere Grade als den des Licenciaten, und

---

2) Anders Paris a. 309: *du jour de la succession escheue.*

3) B. de Richeb. IV p. 320. Wenn es in der Cout. de Montargis XII 2 heisst: *les fruicts et nourriture qu'il ne seront tenus rapporter*, so wird dies von Dumoulin dahin erklärt: *scilicet pro tempore praeterito, sed bene a tempore obitus ejus de cujus successione agitur.* Richtig dürfte es sein, hier wie in Orleans die Zeit der Theilungsklage als massgebend zu erachten.

4) Vgl. auch Loysel, instit. coutum. nr. 352.

pour maistrise ès arts mechaniques. Aehnlich Laon a. 95. 96; Rheims a. 322. 323.

Schon in alten Coutumes werden die mises faites à l'école ausgenommen, doch die gekauften Bücher bleiben vielfach Collationssache; so in dem Text bei Beautemps-Beaupré, Coutume d'Anjou, E. 177, L. 137.

In manchen Coutumes, namentlich denen des Nordens, ist viel von den Kosten des Hochzeitsschmauses und von Hochzeitskleidern die Rede. Nach der Coutume von Clermont en Argonne ch. 9 a. 1 und 2 dürfen sich die unverheiratheten Kinder aus der Erbschaft den Betrag dessen zum Voraus nehmen, was die verheiratheten an Hochzeitskleidern erhalten haben. In der Coutume von Rousselaere rubr. 13 a. 13 heisst es: *La despense de table promise par contract de mariage, on est tenu de la rapporter, selon la qualité et le nombre des personnes, comme aussi les dons que les pere et mere font à leurs enfants au festin de nopces estant à table, lorsqu'ils excèdent quatre livres de gros* — —. Dagegen heisst es in der Coutume de Sens a. 269: *Fils ou filles mariez ne sont tenus de rapporter les fraiz de leurs nopces et banquets; mais robbes nuptiales, joyaux et trousseaux (comme licts, draps et autres choses) se doivent rapporter.* Aehnlich Chalons a. 104. Nach der Coutume von Bassigny a. 153 sind dem Rapport nicht unterworfen *les banquets faicts aux fiançailles et mariages — — ny au semblable les habits ordinaires d'iceux, ains seulement ceux qui auront esté faicts pour ledict mariage, avec les bagues et joyaux pour iceluy*[5]).

Eigenartig ist Melun a. 278: hier ist bestimmt, dass der parens erklären darf, dass Erziehungskosten conferirt werden sollen, doch muss diese Erklärung in bestimmter Form erfolgen: *sinon que le donateur eust protesté par escrit fait entre-vifs signé de son sing et hors testament ou par notaire, qu'il n'entendoit le donner ny en ce l'advantager plus que les autres*[6]).

§ 11.

Auch die Technik des Rapportrechtes, namentlich bezüglich der Immobilien, finden wir schon seit alten Zeiten behandelt; insbesondere

[5]) Vgl. zum Ganzen auch Duplessis, Traité des successions, Ed. 1654 I p. 210 f.

[6]) Der Artikel ist der neuen Coutume beigefügt worden (Protocoll bei B. de Richeb. III p. 479).

die Frage, wie es sich verhält, wenn der Beschenkte die Immobilien veräussert, wenn er sie durch Aufwendungen verbessert, wenn er sie durch sein Verschulden deteriorirt hat, wenn sie durch casus verschlechtert und im Werthe vermindert worden ist. Darüber sprechen bereits die Coutumiers, welchen die Etablissements entnommen sind, so namentlich Etablissements I 136 und die zahlreichen daraus abgeleiteten Texte, ebenso aber auch Beaumanoir ch. 14, und die Coutume de Paris a. 305 u. a.[1]).

Wird die Liegenschaft bei der Schenkung (bona fide) geschätzt, so braucht nach manchen Coutumes nur die Schätzungssumme conferirt zu werden, Sens a. 268, Auxerre a. 251, Bar a. 135; manche Coutumes gestatten überhaupt, Liegenschaften dem Werthe nach, statt im Stück, zu conferiren; so Chauny a. 48, auch Touraine anc. ch. 27 a. 10, nouv. a. 304; andere mindestens dann, wenn die Liegenschaften durch Impensen ameliorirt sind; so schon frühere Texte des Anjou-Touräner Rechts, wie Liger, bei Beautemps-Beaupré, C. de l'Anjou, F. 806: *si l'un des enffans avoit amendé le don de son mariaige, comme s'il avoit fait maisons, estangs, ou autres amendements, il ne les rapportera pas; mais elles lui seront prisées à son partaige au pris qu'elles valloient au temps qu'elles lui furent baillées*[2]); so die officielle Coutume von Anjou a. 261[3])[4]).

In dieser Beziehung erhoben sich eine Reihe casuistischer Fragen, über welche sich die Coutumisten mit grosser Ausführlichkeit verbreiten; man vgl. insbesondere Lebrun, traité des successions III ch. 6 s. 3 (Ed. 1775 II p. 131 f.), Pothier, traité des successions ch. 4 a. 2 § 2, 3 und 7.

Eine besondere Frage war die, inwiefern der Enkel Gegenstände einzuwerfen hat, die sein Vater erhalten; in welche Frage vielfach die irrigen Theorien des Repräsentationsrechts hineinspielten.

[1]) In mancher Coutume ist ausdrücklich gesagt, dass, wenn in der Erbschaft Immobilien sind, der mit Immobilien Beschenkte einfach durch Rückstehen in der Theilung conferiren kann; so in der Cout. de Orléans a. 306, so auch beispielsweise Riquebour S. Vaast a. 21 (Bouthors Coutumes locales d'Amiens II p. 505).

[2]) Beautemps-Beaupré, Coutum. de l'Anjou II p. 292.

[3]) Anders Beaumanoir XIV 13; anders Etablissem. I 136: *et ce que il i avra mis li sera comté; et frareschera o les autres.*

[4]) Vgl. auch Lebrun, traité des successions III 6 s. 3 nr. 30 f. (Ed. 1775 II p. 139 f.).

Anhang.

§ 12.

Dieselben Unterschiede finden wir in den Coutumes der französischen Schweiz. Am energischsten ist die absolute Egalität ausgesprochen in der Charte de Nyon[1]): *nato puero nata sit ejus portio; — — quod pater liberos suos masculos de legitimus seu portionibus suis exheredes constituere non possit, nisi sibi sit exheredandi occasio, neque uni plus quam alteri largire, nisi occasio exheredandi sit predicta — —; posse tamen de quarto sui totius legare aliis quam suis heredibus.* Die ausgestattete Tochter aber muss mit ihrer Ausstattung zufrieden sein, so lange *alii heredes existunt.*

Der Ausschluss der ausgestatteten Töchter ist auch ausgesprochen in der Franchise von Sallanches v. 1310 a. 53, von Lullin a. 69, von Bonne a. 64[2]).

Das System der Verfügungsfreiheit findet seine Vertretung in den Chartes, nach welchen *Pater non tenetur filio suo dare portionem nisi unum quarteronum de pane et unum album baculum;* so in der Charte de Moudon a. 71, in Palézieux, Ecoteaux und Maracon, in Orbe a. 71[3]) — was direct an die deutschen Weisthümer erinnert, welche dem Vater gestatten, des Sohnes Theil einem Hunde an den Schwanz zu binden.

§ 13.

Dass ähnliche Entwickelungsmotoren auch in Deutschland wirkten, bedarf hier keiner Ausführung[1*]); jeder kennt die berühmte Stelle des Sachsenspiegels von der Collation des abgesonderten Kindes, sofern dasselbe nicht auf die künftige Erbschaft verzichtet hat[2*]); sowie die

---

[1]) Forel in den Mémoires de la Soc. de la Suisse Roman. XXVII p. 256 f.

[2]) Mém. de la Société d'hist. de Genève XIII 2 p. 124. 159. 171.

[3]) Forel, in den Mém. de la Soc. de la Suisse Rom. XXVII p. 25. 84. 225.

[1*]) Vgl. Sydow, Erbrecht nach den Grundsätzen des Sachsenspiegels S. 91 f., Siegel, deutsches Erbrecht S. 126 f., Pauli, Abhandlungen aus dem lübischen Recht II S. 158 f., Trummer, Hamburgisches Erbrecht I S. 420 f., Stobbe, deutsches Privatrecht V § 284.

[2*]) Vgl. auch beispielsweise Görlitzer LR. 47 § 26, Glogauer Rechtsbuch c. 3, Blume von Magdeburg P. II 1 c. 45. 47, Statut von Arnstadt v. 1543 a. 166 u. a.

Bestimmungen über den zulässigen préciput an fahrender Habe, I 10[3]) und den unzulässigen préciput an Liegenschaften I 14 § 2. Einen zulässigen Voraus erkennt beispielsweise an das Glogauer Rechtsbuch c. 3: *der vater habe is yme denne gebin zuvor ân underscheid, so mag is ym an der teylunge nicht geschaden;* sodann die Magdeburger Fragen (Behrend S. 103), wo verlangt wird, dass der Vater das Gut *noch syme tode zu voruz zu habin an syme gut vor gehegetem dinge hot gegebin;* ebenso Schöffenurtheil bei Wasserschleben, Sammlung deutscher Rechtsquellen S. 357 f.[4]).

In Ruprecht von Freysing's Rechtsbuch c. 107 ist ausdrücklich gesagt, dass der Vater an fahrendem Gute dem einem Kinde mehr als dem anderen geben kann, bis zum Doppelten.

Sind alle Kinder ausgestattet, so gilt, was nach dem Rechte von Amiens: keines hat mehr zu conferiren; Magdeb. Systemat. Schöffenrecht IV 2 c. 35, Glogauer Rechtsbuch c. 117 u. a.

Auch in Deutschland giebt es Rechte der unbedingten Collation, nach welchen der Beschenkte sich auch durch den Verzicht nicht von der Collation lösen kann[5]). Ebenso giebt es einige Rechte, nach welchen auch Nichtdescendenten zu conferiren haben[6]).

Doch davon soll hier nicht weiter gehandelt werden. Es ist nur noch darauf hinzuweisen, dass auch die deutschen Weisthümer eine mannigfaltige Entwickelung aufweisen.

Auch in den Weisthümern wird es vielfach gestattet, dem Kinde einen billigen Voraus zu geben; so in Gryffenberg a. 29 (Schauberg, Z. f. Schweizer Rechtsquell. I S. 56); so ist $^1/_6$ als Voraus erlaubt in Obersimmenthal (Z. f. Schweizer Recht IX S. 177); ein Voraus in Fahrnissen ist erlaubt in Weitnau (Grimm, Weisth. I S. 313 und Burkhard, Hofrodel S. 250); ein billiger Vortheil aus fahrender Habe ist gestattet im Uwieser Amtsrecht v. 1603 a. 1 (Pestalutz Sammlung I S. 142); ein Voraus ist unbedingt gestattet in Stäfa a. 25 (Grimm Weisth. I S. 47); und im Walder Hofrodel

[3]) Vgl. Richtst. LR. c. 20 § 4; hier auch c. 20 § 5 über die Gefahrtragung bezüglich des Eingebrachten.

[4]) Andere Belege bei Stobbe V S. 45.

[5]) Stammler, Recht des Breidenbacher Grundes S. 116, Stobbe V S. 43, Note 1.

[6]) Stobbe V S. 44.

v. 1586 a. 28 (Pestalutz Sammlung I S. 176) heisst es: *womit ein man oder wyb ire Kinder usstürend und beradend mit worten oder mit werchen, doran soll das Kind benügen haben* — —. Nach dem Hofrodel von Altorf von 1439 a. 58 darf der Vater einen Voraus geben, nicht auch die Mutter: *daz ein vater einem kind wol mug geben me denn dem andern, nach dem als ein kind verdienet umb sin vater, aber die muter mag einem kind nüt me geben, denn dem andern* (Grimm, Weisth. I S. 16). Nicht selten ist eine Vorausschenkung statthaft unter obrigkeitlicher Genehmigung; z. B. Erbrecht von Frauenfeld v. 1566 art. 1 (Z. f. Schweizer Recht I S. 65); Bubikon 19 (Grimm, Weisth. I S. 66): *doch nach des obgenanten herren meisters und eins comenthürs und des huses egenant eigner lüten, die darzu geben werden, erkanntnus*; weitere Nachweise sind in meinen Beiträgen zur Germanischen Privatrechtsgeschichte III S. 38 gegeben[7]).

§ 14.

Wir sehen auch hier die sprossende Triebkraft des germanischen Rechts. Dass der Gedanke, wornach die gleichheitliche Stellung der Kinder nicht durch Verfügungen des parens verrückt werden kann, seine tiefe ethische Seite hat, leuchtet ein[1]); ebenso ist die ethische Bedeutung offensichtlich, welche es hat, wenn es dem parens gestattet ist, in seiner Familie Disciplin zu halten und die etwaigen Ungleichheiten des Schicksales durch angemessene Vermögensvertheilungen auszulösen. Daher ist es sehr begreiflich, dass die Rechte von einem Extreme zum anderen schwanken; und wenn irgend, so können wir hier sagen, dass auf so vielen Gebieten des Rechts nichts absolut Gutes statuirt werden kann; dass die Rechtsordnung sich vielfach mit mehr oder minder glücklichen Compromissen behelfen muss und dass es Aufgabe der Gesetzgebung ist, bei diesen Compromissen gerade den Punkt zu treffen, an welchem die socialen Verhältnisse und die Gemüthslage der betreffenden Bevölkerung am tiefsten zu fassen sind.

---

[7]) Ueber Collation vgl. auch Stadtrecht Arberg a. 20 (Z. f. Schweizer Recht IX S. 27), Erbrecht Sigriswyl 1535 a. 5 (ib. IX S. 196), Emmenthal a. 148 (ib. IX S. 225). Ueber Enterbungsrecht ex justa causa vgl. Landbuch Eschi a. 12 (ib. IX S. 83), Arberg a. 24 (ib. IX S. 28), Emmenthal a. 151 (ib. IX S. 226) u. a.

[1]) L'égalité est l'âme de la concorde, sagen die Coutumisten.

GPSR Compliance

The European Union's (EU) General Product Safety Regulation (GPSR) is a set of rules that requires consumer products to be safe and our obligations to ensure this.

If you have any concerns about our products, you can contact us on ProductSafety@springernature.com

In case Publisher is established outside the EU, the EU authorized representative is:

Springer Nature Customer Service Center GmbH
Europaplatz 3
69115 Heidelberg, Germany

Batch number: 10845480

Printed by Printforce, the Netherlands